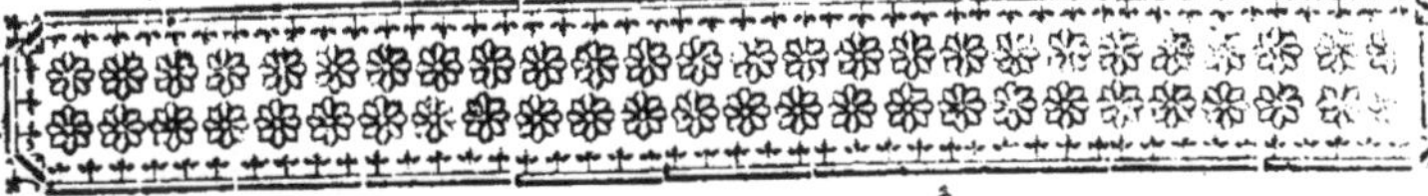

L'UNI-CLÉFIER MUSICAL,

Pour servir de Supplément au Traité général des Elémens du Chant, *dédié à Monseigneur* LE DAUPHIN, *par M. l'Abbé* LACASSAGNE, *& pour servir de réponse à quelques objections.*

PREMIERE PARTIE.

Sur l'Unité de Clef.

A PEINE l'Ouvrage des *Elémens du Chant* avoit-il paru, que nous avons été instruits qu'une petite Société concertoit une Critique de notre Systême sur l'unité de Clef, & sur la réduction des Mesures. Mais nous ne nous attendions pas *qu'un ci-devant Maître de Chapelle*, qui doit posséder son Art, signaleroit son arrivée dans la Capitale, par une brochure peu propre à lui faire honneur. Il est en effet surprenant que l'Auteur, M. Boyer, ait adressé à M. Diderot, sur cette matiere, une *Lettre* remplie de fausses vues, & de raisonnemens ou captieux ou frivoles. Il l'est bien moins, qu'il y ait semé sans bornes l'invective & l'injure. Nous nous garderons bien de l'imiter. Nous ne le suivrons même pas dans tous ses écarts. Si nous voulions le relever par-tout où il bronche, il faudroit nous jetter dans des discussions étrangeres à l'objet principal, & fatigantes pour le Lecteur instruit. Nos réflexions porteront même, par préférence, sur l'unité de Clef; encore les abrégerons-nous le plus qu'il nous sera possible.

Nous savons gré à l'Auteur de nous avoir indiqué les Principes du Clavecin par M. de Saint-Lambert, Ouvrage que nous ne connoissions point, & qui n'a point été cité par M. de Montéclair, quoique les idées de l'un & de l'autre, sur cet objet, aient au fond beaucoup d'affinité. Les Nôtres en ont aussi; mais elles différent pour le moins autant de celles de M. de Montéclair, que le plan de celui-ci différoit de celui de M. de Saint-Lambert. Le premier a établi son systême sur des fondemens si solides, que nous aurions été tentés de l'adopter en entier, si au lieu de la Clef d'*Ut* sur la troisieme ligne, il eût préféré la Clef de *Sol* sur la deuxieme, & s'il eût invariablement fixé la dénomination des *Notes*, pour ne pas laisser subsister les inconvéniens qu'il vouloit prévenir. On ne s'arrêtera pas aux autres petits défauts dont cette Méthode eſt chargée. Le même principe & les mêmes vues ont dirigé M. Rouſſeau, lorſqu'il a imaginé ſon plan de réforme, ſous le Titre de *Diſſertation ſur la Muſique* (*a*). Pour ſupprimer à jamais le futile embarras des Clefs différentes, il s'eſt formé, à l'aide ſeule des chiffres ordinaires, un ſyſtême très-ingénieux, mais peu pratiquable par les raiſons qu'il en donne lui-même, page 330 de ſon *Dictionnaire de Muſique.* Or, ſe perſuadera-t-on que ces grands Muſiciens & d'autres Auteurs qu'on peut citer, n'aient pas connu, auſſi-bien que M. Boyer, les prétendus avantages des Clefs différentes; qu'ils n'aient pas ſu, auſſi-bien que lui, les raiſons frivoles qui leur avoient donné l'exiſtence; qu'ils aient cru fauſſement qu'on pouvoit, ſans leurs ſecours, arriver au même but avec autant de ſûreté & moins d'embarras? Ignoroient-ils ces obſervations, au jugement de M. B. ſi *réfléchies*, qui ont déterminé nos ancêtres à employer en Muſique différentes Clefs, pour *repréſenter les différens genres de voix?* Ils ont jugé ſagement, (& nous ferons gloire de les ſuivre) que la mince utilité de cette repréſentation n'eſt rien en comparaiſon des peines & des travaux qu'elle coûte. Ils ont compris que la théorie ſur la portée ou l'étendue des différens genres de voix, n'étoit pas

(*a*) Nous avons déja dit dans le *Proſpectus de nos Elémens du Chant*, que cet Ouvrage, imprimé chez Quillau, à Paris, 1741, fut préſenté, dans le même tems, à l'Académie des Sciences. L'examen qu'on en fit, & l'approbation qu'on y joignit, ne font pas moins d'honneur aux Juges qu'à l'Auteur.

unie par un lien indiſſoluble à la multiplicité des Clefs, & qu'on pouvoit y parvenir par une route plus ſimple & plus facile, ſans *contrarier ouvertement la nature*, ainſi que le prétend M. Boyer.

C'eſt bien en vain que cet Auteur nous remet ſous les yeux la figure ordinaire, ou le tableau, qui, par la poſition des Clefs uſitées, marque la différence qui caractériſe les diverſes eſpeces de voix, *Planche II.* Il verra la même théorie repréſentée dans un tableau dégagé du cortege gênant des Clefs, & qui n'eſt pas moins propre à ſervir d'Echelle aux Compoſiteurs, *Planche III.* Mais qu'auroient dit les habiles Muſiciens, dont j'adopte les idées fondamentales, ſi la réduction des Clefs à une ſeule eût donné occaſion à quelque critique de la trempe de M. B. de leur reprocher qu'ils ignoroient la nature de chaque genre de voix, & qu'ils ne conſidéroient ces *différens genres que comme diſtans les uns des autres par des Octaves?* Qu'auroient-ils répondu, ſi on leur eût objecté *que l'uſage d'une ſeule Clef ne pourra véritablement avoir lieu, pour faire chanter diverſes ſortes de voix, que lorſqu'il n'y aura plus en Muſique, qu'un ſeul & même Ton convenable à toutes les voix?* Ils auroient ri, ſans doute; & c'eût été aſſez répondre. Tels ſont néanmoins les reproches ſenſés, & les plus fortes objections de M. B. Où a-t-il vu que nous ayons marqué par l'intervalle d'une Octave la différence d'un genre de voix à un autre? Où a-t-il découvert que c'étoit-là une conſéquence néceſſaire de l'admiſſion d'une ſeule Clef? Où a-t-il trouvé que l'uſage d'une ſeule Clef ne pourra avoir lieu, que lorſqu'il n'y aura qu'un ſeul & même *Ton* convenable à toutes les voix? L'expérience, les exemples même qu'il cite, lui donnent un démenti formel.

Qu'il nous diſe encore dans quelle page des *Elémens du Chant* il a vu des règles pour apprendre à tranſpoſer? On a cru devoir y placer indifféremment tous les *Tons* d'*Ut*, de *Re*, de *Mi*, de *Fa*, de *Sol*, de *La*, & de *Si*, ſoit en *Majeur*, ſoit en *Mineur*, au moyen de toutes les Clefs & de leurs altérations *Diézées* ou *Bémolées*. Le ton d'*Ut* en Majeur & celui de *La* en Mineur, qui doivent y être comme le germe de tous les autres *Tons*, déplaiſent au Critique. Il travaille, ſans doute, à quelque ſyſtême dans lequel il ſupprimera ces deux Tons eſſenciels. Qu'on liſe dans les *Elémens du Chant*, la page 184, qu'il a citée, & la page 16 qu'il a oubliée, la réponſe y eſt aſſez expreſſe (*a*); ſi par hazard elle n'eſt pas aſſez ſatisfaiſante, qu'on liſe tout l'article *Notes* dans le fameux Dictionnaire de M. Rouſſeau, édition de Paris, bien différente de celle d'Hollande, celle-ci n'étant qu'un informe abrégé de la premiere; voyez la Préface de l'Auteur.

(*a*) M. B. n'a pas dû y trouver que le *ton* d'*ut Majeur* & le *ton* de *la Mineur* dûſſent exclure aucun des *tons* qui leur ſont ſucceſſivement rélatifs.

Nous ne répéterons pas ici tout ce que nous avons dit dans les *Elémens du Chant*, page 175 & ſuiv. Nous ne ferons que développer de plus en plus notre ſyſtême en l'oppoſant, par des exemples, à celui qu'on voudroit perpétuer. (*a*) " Tout „ eſt généraliſé, ſimplifié, & facilité par cette „ Méthode. Déplaira-t-elle par ſa nouveauté? Mais „ faut-il donc, qu'au préjudice de l'Art, & malgré le cri de la raiſon, nous reſtions lâchement aſſervis à un uſage gothique, pénible & „ ridicule? Nous oſons prédire que le premier „ Compoſiteur qui aura le courage de s'en affranchir, ſera bien-tôt généralement imité. „ Cette prédiction, qui eſt partie d'un homme de Lettres très-éclairé ſur la Matiere, ſe trouve déja preſqu'accomplie par l'approbation unanime de pluſieurs Muſiciens compoſiteurs, à qui nous avons communiqué les Principes de notre ſyſtême. Puiſſent tout-à-la fois, s'étendre à la poſtérité la plus reculée, les Ouvrages que ces grands Maîtres publieront, & les bonnes vues qu'ils nous témoignent pour le progrès de l'Art.

On a dû trouver dans les premiers exemplaires des *Elémens du Chant*, que la Clef de *Sol*, qui ſervoit pour les parties inférieures, étoit renverſée de haut en bas, pour la diſtinguer plus viſiblement de celle qui ſert aux parties ſupérieures. La forme ordinaire, au moyen de deux petits traits =

(*b*) Journal des Savans, ſecond Volume de Juin 1767, page 1441.

qui la coupent, nous a paru plus ſimple. *Voyez la Planche I, Fig.* 1.

Il peut arriver, dans le courant d'un Air, qu'on ait beſoin de changer de Clef pour trouver aſſez d'étendue, comme on le pratique journellement avec toutes les Clefs ; on pourroit alors, ſans marquer aucune Clef, tirer un trait ⌐ ou deux traits ⩵ qu'on placeroit au-deſſus ou au-deſſous des Notes, ſur-tout lorſque le changement ne ſeroit que paſſager. *Planche VII, Fig.* 2.

Avant que de donner les exemples qui doivent, en ce genre, tenir lieu des plus fortes preuves, nous ferons obſerver que nous indiquerons toujours la place que doit occuper la Note fondamentale de chaque Air, ainſi que nous l'avons fait pour toutes les leçons des *Elémens du Chant.* Nous prendrons pour Indice, à l'imitation de M. de Montéclair, une Note carrée en blanc, pour les *Tons Majeurs ;* & en noir, pour les *Tons Mineurs. Planche I, Fig.* 2.

On diſtinguera auſſi les parties chantantes & inſtrumentales par les premieres Lettres de l'Alphabet ; D. ſignifiera *Deſſus*, H. *Haute-contre*, T. *Taille*, B. T. *Baſſe-taille*, B. C. *Baſſe-continue*, &c. & quand ces Lettres ſeront équivoques, on en ajoutera d'autres. Notre premiere preuve eſt une Scene du IVe Acte de Roland, où quatre différentes voix chantent alternativement. M. de

Montéclair, que nous estimons beaucoup, s'en est servi lui-même pour l'appliquer à son systême, bien opposé au nôtre, & par le fond & par la forme. Cet Auteur en détruisant toutes les Clefs, pour ne conserver que celle d'*Ut* sur la troisieme ligne, les sous-entend toutes par ses principes. Voyez sa Méthode, page 114; vous y trouverez les mêmes exemples qu'à la *Planche VII, Fig.* 3.

Demandons à présent au Critique, pourquoi plus d'espèces de Clefs pour les hommes que pour les femmes? Il trouve lui-même qu'il y a autant de genres de voix dans celles-ci que dans les autres. Voudroit-il en augmenter le nombre, lorsqu'il s'écrie contre ce partage inégal (*a*)? Il auroit mieux raisonné, s'il s'étoit récrié sur le superflu qu'on assigne pour les hommes. Il n'ignore pas que le diapason de leurs voix les fait chanter sur la même Note, à l'unisson parfait. Les mêmes proportions se trouvent entre les voix des femmes, des enfans & des gens à faucet, à la distance d'une Octave plus aiguë. Cependant leur unisson paroît se confondre avec celui des hommes, ainsi que nous l'avons fait remarquer dans nos *Elémens du Chant*, page 11. M. Rameau & mille autres en ont porté ce jugement, quoiqu'ils n'eussent pas des idées *rétrecies*.

(*a*) *On a tort*, dit M. Boyer, *de ne pas assigner aux femmes autant de Clefs qu'aux hommes.* Admirons cette réforme, la seule qu'il ait proposée. Ce qui en peut éclore ne tendra pas à simplifier les objets, mais bien à les compliquer de plus en plus.

Comme nous nous en tenons toujours à ce que nous avons dit dans les *Elémens du Chant*, pag. 184, nous ferons voir que la transposition que nous y proposons n'est pas la même que celle qui est en usage, ni celle de M. de Montéclair. Les unes & les autres que nous condamnons, demandent la connoissance de toutes les Clefs, pour pouvoir prendre *Ut* sur toutes les lignes & sur tous les espaces. La transposition que nous proposons, ne peut pas changer le nom de la Clef, ni par conséquent le nom des Notes, *Planche XII.* Ce moyen simple est souvent pratiqué pour les parties des Cors-de-chasse; on les note sur le Ton d'*Ut*, & l'on marque au commencement de la copie, si le Musicien doit transporter son Cor, ou en *Re*, ou en *Mi*, &c. Cette précaution est inutile pour les voix, parce qu'elles sont toujours montées au Ton qu'on leur donne, ou qu'elles veulent se donner. L'Auteur de la Critique a prétendu prouver que tous ces moyens aisés ne faisoient que nourrir la paresse. Nous laissons au Public le droit de juger de la solidité de ce raisonnement. Veut-on que tout le monde sache la Musique comme un *Maître de Chapelle*, & qu'il passe par les mêmes épines? M. Rousseau, dans son Dictionnaire de Musique, pag. 330, lig. 7, dit ces paroles bien remarquables, en parlant de certains Musiciens tels que M. Boyer. „Ce qu'ils ont appris difficilement, pourquoi le rendroient-ils si „facile aux autres? „

Nous ne proposons aussi notre transposition, que

pour nous prêter plus favorablement à ceux qui par état ne peuvent avoir qu'une légere teinture de Musique, & sur-tout à ceux qui n'ont pas l'utile ressource de pouvoir s'accompagner eux-mêmes de quelque Instrument. Il n'est pas douteux qu'un Opéra qui seroit ainsi noté pour les parties chantantes, ne fût d'un grand débit. *Voyez la Planche X & XII.* On ne se contenteroit pas d'en demander les Airs détachés comme on le fait tous les jours, on voudroit toute la piece pour voir l'ensemble de toutes les parties sur la même *Clef*, & sur le même *Ton.*

Il faudroit deux *Partitions*; objectera-t-on, l'une pour les Voix & l'autre pour les Instrumens. Eh bien! soit: quel inconvenient y trouverez-vous? Les parties chantantes ne sont déja que trop assujetties. Rendez-leur cette liberté que la nature leur donne, & que le caprice leur a ôtée.

Quoique nous demandions deux Partitions, l'une pour les Instrumens, & l'autre pour les Voix, on croit qu'il seroit nécessaire que la partie la plus essentielle du chant se trouvât toujours sans transposition au dessus de la Basse-continue, sur-tout la partie du Récitatif. Cette pratique seroit d'autant plus aisée, qu'on n'auroit plus besoin que d'une Clef. Il arriveroit même souvent que plusieurs parties pourroient se noter sur une ſeule Portée, ſur-tout lorſqu'elles ne formeroient que des Accords, avec des Notes de la même eſpece ou valeur.

Nous terminons ici nos Obſervations pour la partie qui regarde l'*Unité de Clef.* Vouloir s'étendre d'avantage, ce ſeroit & perdre du tems, & paroître douter de la bonté du ſyſtême.

SECONDE PARTIE.

Sur la réduction des Mesures.

NOUS voudrions bien aussi fixer toute notre attention sur la partie de la réduction des Mesures ; mais la multitude des observations que nous aurions à faire, nous oblige à nous en tenir à ce que nous avons dit dans nos *Elémens du Chant*, pag. 40, 98, 102 & suiv. Pourquoi se répéter sans nécessité ? D'ailleurs nous avons cité dans l'Ouvrage même plusieurs Auteurs, (*a*) dont la célébrité nous rassure pour le fond de la question. Chacun de ces Messieurs a prouvé d'avance que l'Auteur de la Critique se trompe aujourd'hui. Si l'on adoptoit l'amas confus d'erreurs qu'on trouve dans la Lettre adressée à M. Diderot, il faudroit dans la Musique mille signes pour un. Que M. B. se souvienne que nous n'avons plus besoin ni de *Notes Losangées*, ni *Maximes*, ni *Minimes*, ni *Longues*, ni *Breves*. Qu'il lise l'article *Notes* dans le Dictionnaire de Musique, par M. Rousseau, il y trouvera à la pag. 329, l. 9. " La Musique „ a eu le sort des Arts, qui ne se perfectionnent „ que lentement. Les inventeurs des Notes n'ont „ songé qu'à l'état où elle se trouvoit de leur „ tems, sans songer à celui où elle pouvoit parvenir, & dans la suite leurs signes ce sont

(*a*) MM. Rameau, Rousseau, Montéclair & Lacombe.

trouvés

„ trouvés d'autant plus défectueux, que l'Art s'est „ perfectionné. A mesure qu'on avançoit, on „ établissoit de nouvelles règles pour remédier „ aux inconvéniens présens; en multipliant les „ signes, on a multiplié les difficultés, & à force „ d'additions & de chevilles, on a tiré d'un prin- „ cipe assez simple, un systême fort embrouillé „ & fort mal assorti. „ Cependant pour satisfaire ceux qui voudront lire, sans prévention, la Lettre de M. B., nous leur indiquerons les endroits où ils doivent être sur leurs gardes, & sur lesquels nous aurions beaucoup d'observations à faire, si nous voulions suivre l'Auteur pas à pas. Cette liste tiendra lieu d'*Errata*, que le Public instruit pourra corriger mieux que nous.

Page	6.	ligne	16 & suiv. (*a*)
P. .	8.	l. .	15.
P. .	9.	l. .	9.
P. .	10.	l. .	18.
P. .	13.	l. .	14.
P. .	14.	l. .	18.
P. .	30.	l. .	4.
P. .	34.	l. .	14. (*b*)
P. .	36.	l. .	17.
P. .	37.	l. .	5.

(*a*) M. B. auroit dû respecter & le Corps célèbre dont il parle, & la vérité qu'il méconnoît.

(*b*) Tout le monde sait qu'on chante les premieres Leçons de Musique sans l'accompagnement des Instrumens; chacun prend alors le *Ton* de son Diapason, soit pour le grave, soit pour l'aigu.

Page	39.	ligne	12 & ſuiv.
P.	41.		
P.	45.		
P.	46.	l.	15.
P.	47.		
P.	49.		
P.	52.	l.	13.
P.	56.		
P.	57.	l.	3.
P.	60.	(*a*)	
P.	61.	l.	19.
P.	64.	l.	23.
P.	65.		
P.	66.	l.	16.
P.	67.	l.	7.

Au reſte, nous eſpérons que M. B. réformera ſes fauſſes idées; & que ſi jamais il donne un *Traité d'Accords*, il le fera & plus clair & plus méthodique que celui qui paroît (*b*), dont le ſtyle eſt ennuyeux pour le Lecteur, & déſobligeant pour le Muſicien: & avant que de citer des Auteurs célèbres, il profitera de leurs leçons. " Quelque bonnes que ſoient „ les intentions de ceux qui travaillent à per- „ fectionner les Arts, dit M. de Montéclair, „ page 126, & quelques facilités qui réſultent „ des nouveautés qu'ils inventent.... L'ignorance,

(*a*) Voyez les Principes du Clavecin par M. de Saint-Lambert, p. 24.
(*b*) Par M. L' ***.

„ la prévention, l'entêtement, l'intérêt, l'or-
„ gueil, l'envie, la pareſſe & ſur-tout les de-
„ mi-Savans, ſont les tyrans des Auteurs. „
Si telle eſt notre deſtinée, ſubiſſons-là, & tai-
ſons-nous.

FIN.

P. S. Nous avions déja mis la derniere main à ce Supplément, lorsqu'un Musicien de Profession, très-estimé, à qui nous communiquions nos idées sur *l'Unité de Clef*, nous dit qu'il étoit aisé de mettre les deux Parties d'accord, en faisant seulement usage de la Clef de *Fa* sur la quatrieme ligne, pour les *Parties Graves ;* & de la Clef de *Sol* sur la deuxieme, pour toutes les *autres Parties.*

Ce Plan, qui est une espece de *Mezzo termine*, n'en est pas moins diamétralement opposé aux idées de M. B. Il a du-moins l'avantage de simplifier une partie des objets : il part d'un esprit qui sent les embarras de la méthode usitée, & qui cherche de bonne foi à s'en affranchir, sans être touché des prétendues difficultés qu'oppose le Critique. Mais tout considéré, pourquoi ne faire les choses qu'à demi, & puisqu'on sent le besoin de la simplicité, pourquoi ne pas l'embrasser en entier, lorsqu'elle est possible ? Pourquoi recourir à deux Principes où un suffit ? Imitons la marche simple, constante, & uniforme de la nature.

De l'Imprimerie de G. DESPREZ, Imprimeur ordinaire du Roi, rue S. Jacques, au coin de la rue des Noyers.

L'UNI-CLÉFIER MUSICAL.

QUOIQUE *nous ayons donné le choix dans nos* Elémens du Chant *ou de la Clef de* Sol *sur la premiere ligne ou de la Clef de* Sol *sur la deuxieme, Nous supprimons aujourd'hui la première, pour nous en tenir invariablement à la seconde, par les mêmes raisons qu'on trouvera spécialement déduites, dans l'ouvrage même, Page 178. c'est-à-dire, en faveur des Etrangers.*

Exemple

Des Signes accidentels que nous ajoutons à la Clef de Sol, *pour lui donner à elle-seule la même étendue dont toutes les Clefs jointes ensemble peuvent être susceptibles.*

Parties supérieures ou aigues.	*Parties moyennes ou mixtes.*	*Parties inférieures ou graves.*

Indice du Ton fondamental en Majeur.			*Indice du Ton fondamental en Mineur.*		
Ton d'Ut.	*Ton de Re.*	*Ton de Mi &c.*	*Ton de La.*	*Ton de Si.*	*Ton d'Ut &c.*

L'UNI-CLÉFIER

Echelle du Clavier à grand Ravalement sans Diezes et sans Bémols, où l'on trouve que les trois différentes Clefs se posent à la distance d'une quinte les unes des autres. Cette espece de position divisée en huit parties, comme autant de petites Echelles, dont les noms sont différens, est celle qui est en usage et qu'on voudroit abolir.

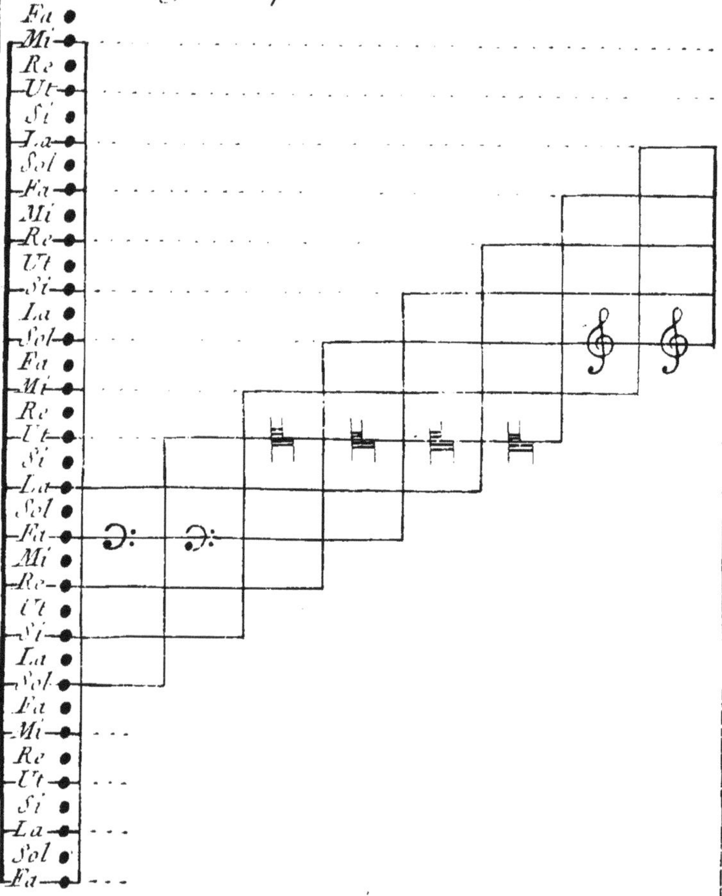

Fa
Mi
Re
Ut
Si
La
Sol
Fa
Mi
Re
Ut
Si
La
Sol
Fa
Mi
Re
Ut
Si
La
Sol
Fa
Mi
Re
Ut
Si
La
Sol
Fa
Mi
Re
Ut
Si
La
Sol
Fa

III

MUSICAL.

Echelle naturelle du Clavier à Grand Ravalement que nous divisons en trois parties de même nom, pour distinguer seulement le plus ou le moins grave d'avec le plus ou le moins aigu. Le nombre de traits que l'on met sur la même Clef, fait voir la différence d'octave en octave; et nous croyons que cette division mérite la préférence à tous égards.

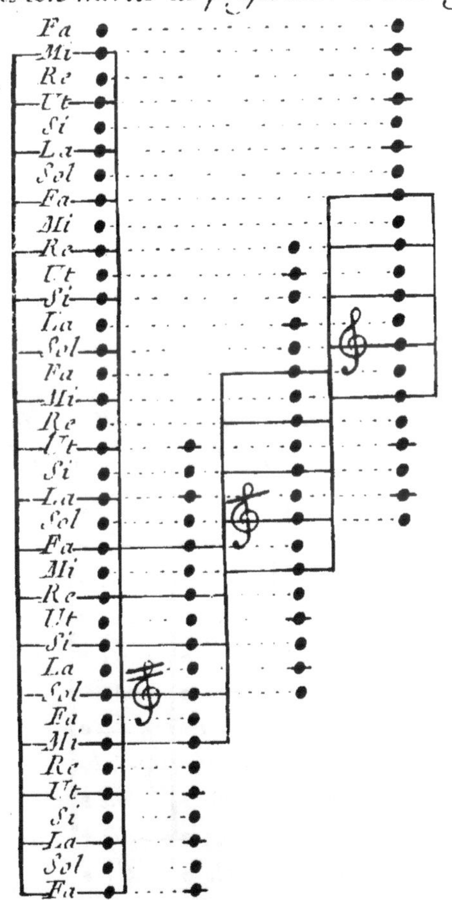

L'UNI-CLÉFIER

Exposition détaillée de la premiere Echelle, c'est-à-dire, de celle qui est en usage. Nous la mettons sous les yeux du lecteur instruit, afin qu'il la compare et qu'il la juge sans partialité.

Fig. 1.

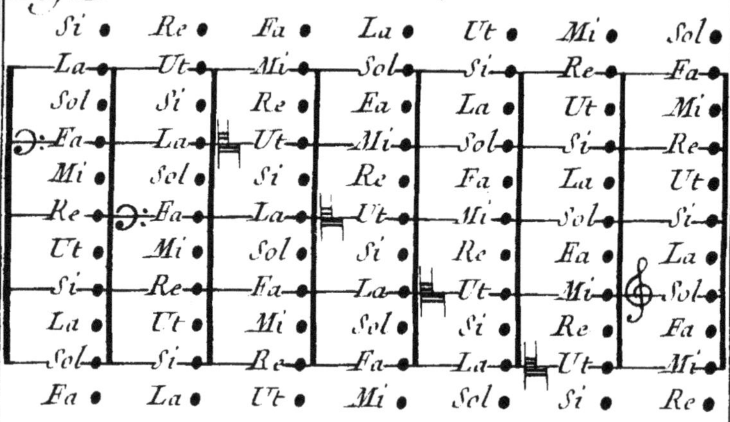

Exposition de la seconde Echelle qui est celle que nous proposons et que nous soumettons au jugement du Public et surtout des Musiciens les plus éclairés.

Fig. 2.

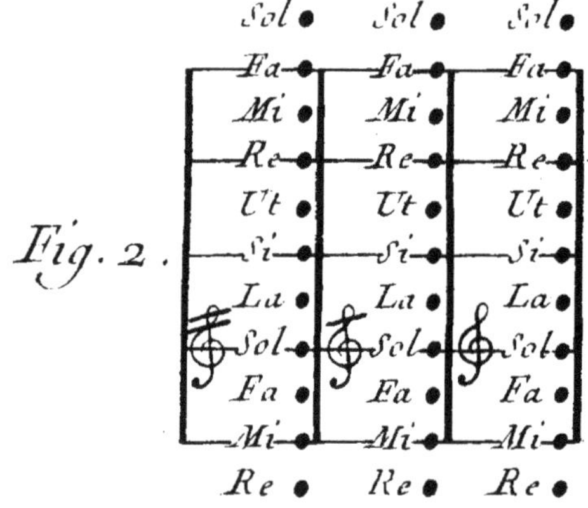

Position des Clefs dont on fait ordinairement usage pour les voix, et qu'on peut réduire aux seules Clefs de **Sol** ci-dessous dans la même Colonne. Voyez les **Elémens du Chant** Pag. 10 et 175.

Positions pour les Instrumens.

Orgue et Clavecin.	Violoncelle et Basse de Viole.	Basson et Cor-de--Chasse.	Haute-Contre, Taille et Quinte de Violon.	Flute, Haut-bois, et Violon.

Il n'y a point de Musique déjà écrite qu'un Copiste ne puisse transporter sur cette nouvelle division de Clef, en observant surtout les Règles et les Exemples suivans.

Règle Générale pour les Unissons.

On peut remarquer dans les Exemples ci-dessous, que l'on ne perd rien de l'étendue ordinaire; qu'au contraire on pourroit y gagner du côté du Grave, en coupant la Clef par trois petits traits ≡ pour ne pas multiplier les sous-lignes des Portées. Les Guidons w indiquent les mêmes Notes qui sont au-dessus ou au-dessous, dans la même Colonne.

Exemple

Des Unissons.

Fig. 1.

Unisson qu'on peut réduire au Noté de la Seconde Portée.

Fig. 2.

Exemples

Ces trois Exemples suffisent pour voir sensiblement où consiste le défaut de ce sistème. Dans le second Exemple on trouve la Clef de Sol sur la 2.e ligne; et dans le 3.e on trouve la Clef d'Ut sur la 4.e ligne.

Notre Système bien différent conserve toujours la dénomination primitive que la Clef donne, ainsi qu'on peut le remarquer dans les Exemples suivans.

VIII
LUNI-CLÉFIER
Scene
Tersandre, Coridon, Belise, et Roland.
Tersandre.
Mais! quel est ce guerrier? aisément on de-
-vine, qu'il sort d'une illustre o-ri-gi-ne.
Coridon
Nous l'avons trouvé dans ces lieux.
Belise
Le trouble de son cœur se montre dans ses yeux:
Coridon
Il s'a-gi-te,
Belise
Il mena-ce,
Coridon
Il pa-lit...
Belise
Il sou-pire.
Tersandre
Son cœur souffre peut-être un amoureux mar-ti-re, nous devons plaindre ses douleurs.
Belise
Quels terribles regards!

Si l'on présentoit aujourd'hui, comme un Systême nouveau, tout cet assemblage de Clefs, ne diroit-on pas d'où nous vient cette invention barbare? En effet, ceux qui ne coñoîtroient d'autres Clefs que celle de leur voix; * outre qu'ils seroient bien embarrassés pour y débrouiller leur partie; quel fruit, quel agrément en retire:roient-ils? la bonne Musique a des rapports suivis qui la caractérisent; ainsi qu'un discours ne sauroit être bon, ni lu avec plaisir, sans l'intime union de ses Périodes. L'exemple suivant, Planche X porte une entiere conviction.

* M.B. Page 32. ligne 3. Prononce avec sa confiance ordinaire que ,, Celui qui veut apprendre à chanter n'a besoin que de connoître ,, la Clef rélative au Diapason dans lequel la nature le fait chanter. ,,

X
LUNI-CLÉFIER
Exemple de la même Scene
où les quatre différentes voix chantent sur la même Clef.
Tersandre, Coridon, Belise et Roland.
T. Tersandre
Mais! quel est ce guerrier? aisément on de:
:..vine, qu'il sort d'une illustre o.ri.gi.ne.
H.C. Coridon
D. Belise
Nous l'avons trouvé dans ces lieux. Le
trouble de son cœur se montre dans ses
Coridon
Belise
Coridon
yeux: Il s'a.gi.te, Il me.na.ce, Il pâ:
Tersandre
lit... Il soupire. Son cœur souffre peut
être un amoureux mar..tire nous devons
Belise
plaindre ses douleurs. Quels terribles regards!

Observez qu'à l'aide d'un Violon ou de quelqu'autre instrument, l'on pourra lire tout l'ensemble de cette Scene; c'est ainsi qu'on liroit toutes les parties d'un Opéra s'il etoit dépouillé de toutes ces vieilles rubriques et tant d'autres que M. B. prend sous sa protection. On ne doute pas même, que la vente alors de la Musique ne fût beaucoup plus considérable, si l'on peut en juger par l'exemple récent du Dictionnaire Lyrique, et par le grand débit des Airs de Guitarre où M. Merchi n'a employé que la Clef de Sol, soit pour la Basse, soit pour le Dessus.

La même Scene transposée au Naturel *
Tersandre, Coridon Belise et Roland.

M. Rameau, dans son Code, Pag. 8. Art. 4. *conseille la transposition vocale. Cet ancien usage nous ayant paru défectueux, nous avons indifféremment presenté tous les* Tons *et toutes les* Clefs *dans nos* Elémens du Chant, *sans donner et sans indiquer aucun principe de transposition. Le Critique devoit donc bien craindre qu'on ne le taxât de mauvaise foi, en nous supposant, presqu'à chaque page de son* Libelle, *des idées qui nous sont étrangeres. La transposition, dont nous parlons à la P. 184 de nos Elémens, n'y est appliquée qu'au Systême de* l'Unité de Clef. *Et cette transposition est bien differente de celle qui résulte de la multiplicité des Clefs. En vérité? M. B. devoit ne pas confondre ces deux objets, où ne pas écrire, s'il n'en sentoit pas la différence.*

* *Nous observons qu'il seroit assez inutile de transposer le* Ton *de* Sol *et le* Ton *de* Fa *Majeurs; le premier n'ayant qu'un Dieze à la Clef, et le second un Bémol.*

www.ingramcontent.com/pod-product-compliance
Ingram Content Group UK Ltd.
Pitfield, Milton Keynes, MK11 3LW, UK
UKHW021035260726
13994UKWH00005B/2167

9 782329 425870